Commentaire

Par Patrick Olivero

Tractatus logico-philosophicus

Le statut de la philosophie

Wittgenstein

lePetitPhilosophe.fr

WITTGENSTEIN — 1

LE *TRACTATUS LOGICO-PHILOSOPHICUS* — 3

MISE EN CONTEXTE — 4

Genèse du problème
La structure du *Tractatus*

TEXTE — 7

Le statut de la philosophie

EXPLICATION ET ANALYSE DU TEXTE — 10

Le monde et ses images
Typologie des propositions du point de vue de leur signification
Sciences de la nature et philosophie
Une juste vision du monde : éloge du silence

CONCLUSION — 25

POUR ALLER PLUS LOIN — 28

WITTGENSTEIN

- **Né en 1889 à Vienne**
- **Décédé en 1951 à Cambridge**
- **Ses deux œuvres achevées :**
  - *Tractatus logico-philosophicus* (1921)
  - *Investigations philosophiques* (1953, publication posthume)

Issu d'une famille d'industriels viennois, Ludwig Wittgenstein reçoit une formation d'ingénieur avant de s'inscrire, en 1912, au cours du philosophe Bertrand Russell (1872-1970) à Cambridge. En 1929, l'université lui délivre le grade de docteur et il y enseigne par intermittence jusqu'en 1947.

Wittgenstein a apporté d'importantes **contributions en logique**, dans la **théorie des fondements des mathématiques** et en **philosophie du langage**. Son parcours philosophique est caractérisé par deux approches : celle du ***Tractatus logico-philosophicus*** (1921), qui débouche sur une critique radicale de la philosophie, à laquelle est assigné un rôle de régulateur et non pas de producteur de propositions et celle des ***Investigations philosophiques*** (1953), ouvrage paru à titre posthume dans lequel Wittgenstein s'écarte des principes qu'il a lui-même énoncés dans sa première œuvre en resituant la philosophie dans un nouveau cadre linguistique : le langage courant.

S'il s'agit des **deux seules œuvres achevées du philosophe**, de nombreuses études, ébauches ou notes de cours ont été publiées à titre posthume. On peut ainsi citer *Les Carnets bleus*, *Les Carnets bruns* ou encore *Les Cours de Cambridge*.

LE *TRACTATUS LOGICO-PHILOSOPHICUS*

LA RECHERCHE DES CONDITIONS ET DES LIMITES DU SENS

Dans le *Tractatus logico-philosophicus*, Wittgenstein s'attache à **délimiter ce qui peut être dit de façon sensée et à définir les critères permettant à un langage de donner une image du monde**. Autrement dit, il propose les conditions d'un langage logiquement parfait sans chercher à le construire, ni même préjuger du fait qu'il puisse effectivement être construit. Le *Tractatus* ne s'attache nullement aux fonctions pragmatiques du langage (ce que Wittgenstein appellera plus tard les « jeux de langue »), mais au formalisme qui permet de mettre en relation le monde et sa représentation. Ce faisant, il délimite de façon drastique le champ de ce que peut « dire » la philosophie et lui assigne de nouvelles tâches, tout en laissant entrevoir que le versant mystique du monde est précisément ce dont la philosophie ne peut pas parler.

MISE EN CONTEXTE

GENÈSE DU PROBLÈME

Les questions traitées par le *Tractatus* ont pour origine les tentatives de renouvèlement ou d'approfondissement de la logique formelle – qui a peu évolué depuis **Aristote** (384-322 av. J.-C.) – à la fin du XIXe siècle.

Le précurseur en la matière est certainement le philosophe et mathématicien allemand **Gottlob Frege** (1848-1925) qui, constatant l'incapacité du langage usuel à rendre compte correctement du cheminement de la pensée logique, propose une idéographie (écriture des idées) permettant de formaliser, grâce à un système de signes, les étapes du raisonnement.

Bertrand Russell conteste partiellement le système de Frege, mais le complète et lui donne toute sa fécondité dans ses *Principia Mathematica* (1910). Cette « mathématisation » de la pensée scientifique va toutefois bien au-delà des objectifs initiaux très pragmatiques de Frege. Elle débouche sur une réflexion plus générale : **quelles sont les possibilités et les conditions d'octroi du sens ?** Autrement dit, que puis-je dire de manière sensée pour interpréter le monde, c'est-à-dire pour rendre compte (et non pas expliquer ou comprendre) de ce que Wittgenstein appellera « l'ensemble des faits » ?

Ce faisant la question du **statut de la philosophie** se pose immanquablement. Lorsqu'un problème philosophique est exposé et débattu dans le langage naturel, ce problème (principalement lorsqu'il relève de la métaphysique) n'est pas corrélé avec « un état de fait » (au sens qu'attribue Wittgenstein à cette expression) car il ne lui correspond pas d'expérience sensible. Que peut donc « dire » la philosophie ? Pour Wittgenstein, « la juste méthode de la philosophie serait en somme la suivante : ne rien dire sinon ce qui peut se dire, donc les propositions des sciences de la nature – donc quelque chose qui n'a rien à voir avec la philosophie – et puis, chaque fois qu'un autre voudrait dire quelque chose de métaphysique, lui démontrer qu'il n'a pas donné de signification à certains signes dans ses propositions » (§ 6.53 du *Tractatus*). Nous y reviendrons dans le commentaire.

LA STRUCTURE DU *TRACTATUS*

Œuvre relativement courte (et par là même dense) d'environ soixante-dix pages, le *Tractatus logico-philosophicus* présente essentiellement une réflexion sur le langage et les conditions auxquelles il peut représenter le monde. Il est articulé en sept aphorismes (propositions courtes résumant l'essentiel d'une théorie), eux-mêmes assortis de commentaires numérotés d'une manière hiérarchique :

- « Le monde est tout ce qui arrive » : « 1.1 – Le monde est l'ensemble des faits, non pas des choses » ;
- « Ce qui arrive, les faits, est l'existence d'états de choses » : « 2.01 – L'état de choses est une liaison d'objets (entités, choses) » ;
- « Le tableau logique des faits constitue la pensée » : « 2.11 – Le tableau représente le fait dans l'espace logique,

l'existence et la non-existence des états de chose » ;

- « La pensée est la proposition ayant un sens » : la proposition peut être comprise comme l'interprétation de la pensée d'une manière accessible aux sens (par le langage par exemple) ;
- « La proposition est une fonction de vérité des propositions élémentaires » : une fonction de vérité est la représentation, par le symbolisme logique ou le langage usuel, de l'ensemble des conditions de validité des éléments d'une proposition qui rendent l'ensemble de la proposition vraie ou fausse ;
- « La forme générale de la fonction de vérité est : [p, ξ, N (ξ)]. C'est la forme générale de la proposition » : l'analyse de cet aphorisme nécessiterait des développements longs et complexes auxquels on ne se livrera pas ici ;
- « Ce dont on ne peut parler, il faut le taire » : affirmation concise qui ne peut être comprise qu'au terme de la lecture du *Tractatus* et ne doit pas être interprétée hors du contexte de l'œuvre.

Les extraits commentés ici traitent pour l'essentiel du statut de la philosophie et de sa capacité à interpréter le monde.

TEXTE

LE STATUT DE LA PHILOSOPHIE

4. – La pensée est la proposition ayant un sens.

[...]

4.1 – La proposition représente l'existence et la non-existence des états de choses.

4.11 – La totalité des propositions vraies constitue la totalité des sciences de la nature.

4.111 – La philosophie n'est aucune des sciences de la nature.

(Le mot « philosophie » doit signifier quelque chose qui est au-dessus ou au-dessous, mais non pas à côté des sciences de la nature.)

4.112 – Le but de la philosophie est la clarification logique de la pensée.

La philosophie n'est pas une doctrine mais une activité.

Une œuvre philosophique consiste essentiellement en élucidations.

Le résultat de la philosophie n'est pas un nombre de « propositions philosophiques », mais le fait que des propositions s'éclaircissent.

La philosophie a pour but de rendre claires et de délimiter

rigoureusement les pensées qui, autrement, pour ainsi dire, sont troubles et floues.

[...]

4.113 – La philosophie limite le domaine discutable des sciences de la nature.

4.114 – Elle doit délimiter le concevable et, de la sorte, l'inconcevable.

Elle doit limiter de l'intérieur l'inconcevable par le concevable.

4.115 – Elle signifiera l'indicible, en représentant clairement le dicible.

4.116 – Tout ce qui peut être en somme pensé, peut être clairement pensé. Tout ce qui se laisse exprimer, se laisse clairement exprimer.

[...]

6.53 – La juste méthode de la philosophie serait en somme la suivante : ne rien dire sinon ce qui se peut dire, donc les propositions des sciences de la nature – donc quelque chose qui n'a rien à voir avec la philosophie – et puis à chaque fois qu'un autre voudrait dire quelque chose de métaphysique, lui démontrer qu'il n'a pas donné de signification à certains signes dans ses propositions. Cette méthode ne serait pas satisfaisante pour l'autre – il n'aurait pas le sentiment que nous lui enseignons de la philosophie – mais *elle* serait la seule rigoureusement juste.

6.54 – Mes propositions sont élucidantes à partir de ce fait que celui qui me comprend les reconnaît à la fin pour des non-sens, si, passant par elles, – sur elles – par-dessus elles, il est monté pour en sortir.

Il faut qu'il surmonte ces propositions ; alors il acquiert une juste vision du monde.

7. – Ce dont on ne peut parler, il faut le taire.

WITTGENSTEIN (Ludwig), *Tractatus logico-philosophicus*, Paris, Gallimard, 1993, p. 45-107.

EXPLICATION ET ANALYSE DU TEXTE

LE MONDE ET SES IMAGES

Le monde, dit Wittgenstein, est **l'ensemble des « faits » et non pas des choses** (§ 1.1). Cette affirmation initiale prédétermine la problématique du *Tractatus* car la représentation du fait implique la notion de proposition et ses conséquences, comme nous allons le voir.

Le monde

Supposons qu'un verre soit posé sur une table, dans une certaine pièce d'une certaine maison. Si je suis capable de percevoir cette situation de manière sensible (par les sens, ici par la vision), je m'en forgerai, consciemment ou inconsciemment, une représentation mentale qui contient tout ce qui vient d'être dit. Or ce qui vient d'être dit, ce n'est pas l'énumération d'un ensemble de choses (pièce, maison, table, verre), mais les relations spatiales et temporelles entre ces choses (le verre est sur la table ; verre et table sont présents dans la pièce au même moment ; etc.). Je ne peux pas représenter le monde en nommant les choses car cette énumération ne serait qu'une « mixture de mots » (cf. § 3.141) ; **la représentation n'est signifiante que si je formule une relation entre les choses, autrement dit des faits** : « **Seuls les faits peuvent exprimer un sens**, une classe de noms ne le saurait. » (§ 3.142) Wittgenstein distingue les choses, signifiées par des noms, et les faits, **signifiés par des propositions**.

La proposition

La proposition est **ce qui permet d'interpréter** (ce verbe doit être compris ici comme une activité proche de celle du traducteur qui assure la transmission du sens d'un langage A vers un langage B) **le fait en le rendant perceptible aux sens**. « Le verre est sur la table » est une proposition formulée dans le langage courant. Elle nécessite un lexique (il faut savoir ce que désignent les signes « verre, table ») et une grammaire (ici la copule « est »).

La proposition, dans le *Tractatus*, est essentiellement envisagée comme **une « traduction » du monde dans un langage naturel ou dans un langage logique**. On pourrait aussi imaginer d'autres médias (graphiques, gestuels, etc.), et Wittgenstein évoque d'ailleurs, comme exemple de la conservation du sens par la médiation de systèmes de signes divers, le passage de l'écriture hiéroglyphique à l'écriture alphabétique (cf. § 4.016) ; mais, quel que soit le système utilisé, **l'ensemble des propositions constitue le langage**.

Le langage

Quand Wittgenstein écrit que « [...] Le langage travestit la pensée » (§ 4.002), il ne veut pas dire que le langage déforme ou trahit la pensée, mais qu'il l'enrobe, de la même façon qu'un vêtement enrobe le corps. Mais si **le langage est un « habillage » de la pensée**, comment peut-il permettre la communication entre les hommes ? **Comment peut-il être opérationnel ?** Ceci résulte d'une multitude de **règles d'usage** : « [...] Les arrangements tacites pour la compréhension du langage quotidien sont d'une énorme complication. » (§ 4.002) À titre d'exemple, notons les trois acceptions différentes du même mot « est » dans les trois phrases suivantes du langage usuel, phrases qui sont pourtant toutes les trois parfaitement compréhensibles :

« La Belgique *est* un pays d'Europe » : emploi du verbe « être » en tant que copule (mot qui lie l'attribut au sujet) ; dans cette acception le mot « est » peut parfois être omis sans altérer le sens – à l'image de ces vers de Joachim du Bellay (1522-1560) : « France, mère des arts, des armes et des lois/ Tu m'as nourri longtemps du lait de ta mamelle [...] » ;

« Janvier *est* le premier mois de l'année » : emploi du verbe « être » pour représenter l'égalité ; janvier est le premier mois de l'année et le premier mois de l'année est janvier (alors que dans la phrase précédente on ne peut pas dire : « un pays d'Europe est la Belgique ») ;

« René pense, donc il *est* » : emploi du verbe être au sens de « exister ».

Dans la perspective hypothétique (il n'apparait pas clairement que Wittgenstein se soit fixé cet objectif) de la recherche d'un langage « parfait » (un langage dépourvu d'ambigüité), le langage dans lequel est exprimée la proposition doit être univoque et la proposition doit être porteuse de sens.

TYPOLOGIE DES PROPOSITIONS DU POINT DE VUE DE LEUR SIGNIFICATION

Que signifie, pour une proposition, « avoir un sens » ?

Les pseudo-propositions

Wittgenstein appelle « **pseudo-proposition** » une proposition non sensée. Il introduit toutefois une distinction entre une proposition hors du domaine du sens et un non-sens :

- **une proposition est hors du domaine du sens** (dénuée de sens, vide de sens) **si elle n'apprend rien sur la réalité**. Elle n'est ni sensée, ni insensée : elle est vide. Cet état concerne les propositions formelles, celles de la logique et des mathématiques : la **tautologie** (formule logique toujours vraie) et la **contradiction** (proposition logique toujours fausse) sont deux exemples caractéristiques qui n'interprètent pas le monde, en raison du caractère totalement prévisible de leur validité ou non-validité. Elles sont en quelque sorte vides d'information sur le monde ;
- **une proposition est un non-sens si ses conditions de vérité ne correspondent à aucun état de choses**, ce qui, pour Wittgenstein, signifie que certains de ces éléments ne sont pas signifiants ou sont corrélés de manière incorrecte. Par exemple, « Htsqp est un animal sauvage » est un non-sens car dans la langue française « Htsqp » n'est pas signifiant. Autre exemple : le jeu du « cadavre exquis », inventé par Marcel Duhamel (écrivain français, 1900-1977), Jacques Prévert (poète français, 1900-1977), et Yves Tanguy (peintre français, 1900-1955), en 1925, consiste à composer une phrase correctement

structurée mais dont chaque mot ne tient aucun compte
de ceux qui le précèdent. Le jeu tire son nom du fait que la
première phrase produite a été : « Le cadavre exquis boira
le vin nouveau ». En tant que proposition (au sens de
Wittgenstein) c'est un non-sens car les différents mots
qui la composent ne peuvent pas être légitiment corrélés
dans le code linguistique français, bien que chacun de ces
mots soit signifiant. Une proposition qui est un non-sens
n'est ni vraie ni fausse. Elle est en quelque sorte indécise.

Les propositions sensées

Une proposition qui a un sens est une proposition qui
représente un état de choses, autrement dit qui **peut être
vraie ou fausse** : elle représente l'existence ou la non-existence d'un état de choses (cf. § 4.1).

Il convient d'éviter toute confusion entre « sens » et « vérité » : la proposition « les chats ont cinq pattes » a un sens
car sa structure logique est correcte et tous ses composants
ont un sens ; mais elle est fausse car aucun état de choses
ne lui correspond : ce que cette proposition traduit n'appar-
tient pas au monde bien qu'elle soit une image (fausse) de
la réalité.

Une proposition sensée se situe, en quelque sorte, ***entre
une tautologie et une contradiction*** : sa validité dépend
de la valeur de ses composants.

Considérons par exemple la proposition suivante : « En ce
moment, à Bruxelles, il pleut ou il y a du vent. » On peut
en dresser ce que Wittgenstein appelle une **table de vérité**

de la proposition qui, dans le langage naturel, serait la suivante :

Est-ce qu'il pleut ?	Est-ce qu'il y a du vent ?	Validité de la proposition
oui	oui	vraie
oui	non	vraie
non	oui	vraie
non	non	fausse

Cette proposition n'est pas une tautologie car elle est fausse pour une des quatre combinaisons de ses composantes ; elle n'est pas une contradiction car elle est vraie pour trois de ces quatre combinaisons. C'est une proposition sensée.

Pensée et proposition

Si le monde est l'ensemble des faits, c'est parce que les faits apparaissent dans un espace logique qui détermine l'existence ou la non-existence des états de choses. Wittgenstein appelle « tableau » cette transposition de la réalité qui nous permet de « lire » le fait dans un espace qui est en quelque sorte « normé » par l'existence ou la non-existence des états de choses. Cette « lecture » est effectuée par **la pensée**. Le processus mental que nous appelons « pensée » consiste à **situer un fait dans l'espace logique** : je perçois de manière sensible (par l'intermédiaire des sens) la chose « verre » et la chose « table » car elles sont *hic et nunc* (ici et maintenant), donc préhensibles sans autre média que les sens, et je conçois également mentalement ce « fait » : le verre est sur la table. La confrontation avec la réalité s'effectue dans un univers de possibilités : le verre n'est pas sous la table, ni à côté de la table, etc. et ce processus mental valide en quelque sorte le fait que la proposition « Le verre est sur la table » a un sens. C'est en raison de ce processus que Wittgenstein peut affirmer que « **La pensée est la proposition ayant un sens** » (§ 4).

SCIENCES DE LA NATURE ET PHILOSOPHIE

Les sciences de la nature

Si une proposition est vraie (et si elle est vraie elle ne peut être que sensée), elle est une image de la réalité. **L'ensemble des propositions vraies interprète la totalité de la réalité, et constitue donc la totalité des sciences de la nature** (cf. § 4.11), c'est-à-dire la totalité des sciences qui ont pour objet le monde naturel. La proposition « le zèbre est un animal » est une proposition sensée et vraie. Sa clarté réside dans le fait que tous les mots utilisés sont univoques et que tout zoologue peut statuer sans ambiguïté sur sa validité.

Dans la terminologie moderne, en France, les sciences de la nature sont distinguées des sciences naturelles. Mais cette distinction n'est pas de mise dans le *Tractatus* qui, de manière usuelle, les oppose à ce que nous appelons « sciences humaines et sociales » (nous admettrons que cette expression englobe la philosophie, ce qui n'est pas systématique dans les classifications françaises). À ce titre, la **philosophie n'est pas une science de la nature** (cf. § 4.111) car **son objet n'est pas le monde naturel**. Ceci ne signifie pas que la philosophie ne s'intéresse pas à la nature mais bien plutôt qu'elle ne l'envisage que dans le cadre d'une question philosophique. La philosophie est « au-dessus » des sciences de la nature quand, par exemple, elle examine le monde d'un point de vue métaphysique (littéralement « ce qui est au-delà de la physique ») ; elle est « au-dessous » quand, par exemple, partant de la constatation de l'existence du corps et du cerveau, elle examine la nature philosophique de l'esprit.

Il faut prendre garde au fait que les expressions « au-dessus » et « au-dessous » ne définissent nullement une hiérarchie de valeurs. Wittgenstein n'affirme pas que la philosophie est inutile ou traite de questions absurdes mais qu'elle n'est en aucun cas « à côté » des sciences de la nature. **Elle a un autre rôle, elle vise d'autres buts**.

Le rôle clarificateur de la philosophie

Puisque la philosophie n'est pas une science de la nature et que, en conséquence, elle ne peut produire que des pseudopropositions, **son rôle n'est pas de fournir une doctrine**, car une doctrine suppose une production de sens (cf. § 4.112). **Pour autant, elle n'est pas une activité vaine**. Considérons le problème philosophique suivant (exemple non tiré du *Tractatus*) : « Peut-on connaitre autrui ? » À ce sujet, la philosophie pourra, par exemple, clarifier ce que « connaitre » veut dire (avoir l'expérience de, avoir des relations avec, etc.), identifier en quoi « autrui » est ou n'est pas « autre », etc. Elle aura, en quelque sorte, dégagé des chemins à la pensée, ayant par là une **fonction d'élucidation des pensées « troubles et floues »** (cf. § 4.112) qu'elle aura rendues claires et compréhensibles en traçant la frontière entre ce qui est concevable et ce qui ne l'est pas.

Wittgenstein ajoute : « Tout ce qui peut être en somme pensé, peut être clairement pensé. Tout ce qui se laisse exprimer, se laisse clairement exprimer. » (§ 4.116) Il introduit ici une nuance complexe : il n'y a aucune limitation à la pensée en tant qu'activité psychique, y compris la possibilité d'avoir des pensées troubles et floues ; mais ce qui peut être « pensé » dans le sens de « conceptualisé » (autrement dit qui peut être posé comme objet d'analyse ou de réflexion) nécessite la clarté. De la même manière, on peut tout « exprimer », y compris des absurdités et des non-sens, mais ce qui « se laisse » exprimer (ce qui autorise que l'on puisse s'exprimer à son sujet) ne peut être exprimé que dans la clarté.

La délimitation du discours

La philosophie, dit Wittgenstein, « signifiera l'indicible, en représentant clairement le dicible » (§ 4.115). Autrement dit, elle **doit transformer en signes (signifier) ce qui ne peut pas être dit et elle doit le faire « de l'intérieur »** (cf. § 4.114). Pourquoi de l'intérieur ? Et de l'intérieur de quoi ? L'activité philosophique n'est légitimée par aucune norme ex nihilo qui dessinerait la cartographie du concevable. La frontière est tracée grâce à une **élucidation progressive à l'intérieur de ce qui peut être dit**. Ce qui peut être dit est ce qui peut être compris et ce qui n'est pas compréhensible est indicible. Mais d'un point de vue pratique, la question se pose de savoir sur quels sentiers on peut s'engager sans basculer dans l'inconcevable. Pour Wittgenstein, nous l'avons vu, le paradigme du dicible est constitué par le discours des sciences de la nature qui représentent « la totalité des propositions vraies » ; le chemin opérationnel, celui qui reste dans le domaine du concevable, est celui du discours des sciences de la nature. C'est pourquoi « **la philosophie délimite le domaine discutable des sciences de la nature** » (§ 4.116), c'est-à-dire **le domaine dont les sciences de la nature peuvent parler**.

La philosophie est une activité

Il résulte de ce qui précède que « **la philosophie n'est pas une doctrine mais une activité** » (§ 4.112). La philosophie **ne fournit pas un corpus de propositions** : elle intervient dans le discours en clarifiant, en traçant des limites, en donnant du sens. Mais au-delà, ou à côté, des tâches que lui assigne le *Tractatus*, la philosophie n'a-t-elle rien à dire qui lui soit propre ? Wittgenstein est discret à ce sujet (car il s'agit là de l'indicible et de l'inconcevable), mais l'attention qu'il porte aux questions éthiques et esthétiques et à quelques indications explicites laissent présager le non-dit : « Il y a assurément de l'inexprimable. Celui-ci se montre, il est l'élément mystique. » (§ 6.522)

Il faut prendre garde au sens à accorder au mot « activité ». Dire que la philosophie doit être « en action » n'a aucune connotation « militante », ne dénote aucune volonté d'agir sur le monde. Elle signifie que la philosophie doit s'attacher à agir sur la façon dont on interprète le monde. Ce serait donc un contresens de développer une analogie avec la célèbre formule de Marx : « Les philosophes n'ont jusqu'ici qu'interprété le monde, il s'agit maintenant de le transformer. » (*Thèses sur Feuerbach*)

Du point de vue de la méthode (et uniquement de ce point

de vue), l'activité élucidatrice de la philosophie peut être comparée à celle de la philosophie d'Heidegger (1889-1976), dont certains ouvrages portent des titres évoquant explicitement la tâche de clarification : *Qu'est-ce que la métaphysique ?*, *Qu'est-ce qu'une chose ?*, *Qu'appelle-t-on penser ?* Un des ses ouvrages les plus célèbres porte, en allemand, le titre *Holzwege* (traduit en français par *Chemins qui ne mènent nulle part*), mot qui désigne des chemins forestiers tracés pour explorer les taillis (et qui, à ce titre, s'interrompent dans les zones non éclaircies) et non pas pour conduire d'un point de départ à un point d'arrivée.

Reconstruction de la philosophie

Paradoxalement, la conclusion de Wittgenstein consiste à dire que **la seule chose dont peut parler la philosophie n'a rien à voir avec la philosophie** (cf. § 6.53). Le paradoxe n'est qu'apparent car si nous admettons, comme indiqué plus haut, que la philosophie a pour tâche de baliser des chemins, on admettra aussi qu'elle doit rester sur un sol ferme qui ne lui est pas propre. Hors de cette assise, le philosophe ne doit rien dire ; s'il s'aventure sur les sentiers de la métaphysique, il énonce des pseudopropositions en raison de l'absence de sens (ou du caractère non-univoque du sens) de certains signes de son discours. Comme Kant (mais avec des attendus tout à fait différents), Wittgenstein procède à une **déconstruction radicale de la métaphysique**. Ce faisant, procède-t-il aussi à une déconstruction de toute la philosophie ? Wittgenstein ne tranche pas cette question. Il est clair qu'il procède à une vive critique de la philosophie telle qu'elle s'est pratiquée jusqu'à lui, mais à aucun moment il n'annonce clairement « la fin de la philosophie ».

Sans doute devrait-on parler de réorientation plutôt que de déconstruction. Le titre de son ouvrage posthume *Investigations philosophiques* en est une indication forte.

UNE JUSTE VISION DU MONDE : ÉLOGE DU SILENCE

Montrer ou démontrer ?

« Mes propositions sont élucidantes à partir de ce fait que celui qui me comprend les reconnaît à la fin pour des non-sens, si, passant par elles, – sur elles – par-dessus elles, il est monté pour en sortir. Il faut qu'il surmonte ces propositions ; alors il acquiert une juste vision du monde. » (§ 6.54)

Wittgenstein admet avoir lui-même dérogé aux principes qu'il a établis : il s'est exprimé dans le *Tractatus* sur des sujets philosophiques qui, *stricto sensu*, ne devraient pas faire l'objet de propositions car la pensée s'y exprime d'une manière non perceptible au sens (cf. § 3.1). Il n'a donc produit que des pseudopropositions, du non-sens. Les pensées du *Tractatus* ne sont élucidantes (ne dévoilent quelque chose) que si on les surmonte. Le paradoxe est qu'en les surmontant on accède pourtant à « une juste vision du monde » : le *Tractatus* provoque un dévoilement mais n'est pas, par lui-même, élucidant. Ce point complexe est d'une extrême importance : le non-sens (qui, rappelons-le, n'est pas la vacuité du sens) est le chemin d'accès à une juste « vision », c'est-à-dire que grâce à lui (et non pas malgré lui), le monde se montre. Le parcours philosophique n'a pas démontré le monde, il a permis au monde de se dévoiler.

Éloge du silence

Le dernier aphorisme du *Tractatus* est d'une étrange beauté :
« **Ce dont on ne peut parler, il faut le taire.** » (§ 7)

À ce stade ultime du *Tractatus*, le lecteur a compris que **tout ne peut être dit** et qu'il existe des critères logiques qui valident ou invalident le discours. Mais, **paradoxalement, ce qui ne peut être dit est précisément ce qui est le plus énigmatique pour l'homme** : Dieu, le sens de la vie, la mort, etc. Wittgenstein situe clairement hors du monde, de l'expérience et du vécu les réponses aux questions les plus fondamentales. Citons par exemple :

- « Le sens du monde doit se trouver hors du monde. » (§ 6.41) ;
- « La mort n'est pas un événement de la vie. La mort ne peut être vécue. » (§ 6.4312) ;
- « La solution de l'énigme de la vie dans l'espace et dans le temps se trouve hors de l'espace et du temps. » (*ibid.*) ;
- « Dieu ne se révèle pas dans le monde. » (§ 6.432)

Wittgenstein se situe ainsi, d'une certaine manière, sur le terrain du débat philosophique qui oppose immanence et transcendance, débat que Kant résume comme suit : « Nous appellerons *immanents* les principes dont l'application se tient absolument dans les bornes de l'expérience possible, et *transcendants* ceux qui sortent de ces limites. » (KANT, *Critique de le raison pure*, Paris, PUF, 1980, p. 252)

L'extériorité de ces questions ne signifie nullement qu'elles sont secondaires ou absurdes et le fait même que

Wittgenstein emploie à leur sujet le qualificatif « mystique », fortement connoté par la religion, est un indice de l'importance qu'il leur accorde : « [...] Le sentiment du monde en tant que totalité limitée constitue l'élément mystique » (§ 6.45) et « il y a assurément de l'inexprimable. Celui-ci se *montre*, il est l'élément mystique » (§ 6.522). Le dernier aphorisme ne réfute pas l'existence du non-dit mais exclut que toute question puisse être « exprimée » (être sujet de discours) à son sujet. L'élément mystique est ce dont on ne peut pas parler (car il se « montre » et ne se « dit » pas) mais aussi ce dont on ne « doit » pas parler. Il impose un devoir de silence.

Le silence face au visage mystique du monde n'est pas une attitude *par défaut* (je ne parle pas car je ne sais pas comment parler) **mais une attitude active** : je ne parle pas car mon silence est le seul discours légitime. Étant hors du monde, l'élément mystique est aussi hors de l'espace logique de l'ensemble des faits qui est le seul espace possible du discours sensé et ne peut être dit qu'en le taisant. Cet impératif du silence (ce devoir de silence) est en quelque sorte **une exigence éthique** dont la récompense (que Wittgenstein appelle une *récompense éthique*) est la contemplation et non l'énonciation. Wittgenstein souligne par exemple que les hommes qui ont affirmé avoir pu accéder clairement au sens de la vie (et qui y ont accédé effectivement) n'ont jamais pu expliquer en quoi consistait ce sens (cf. § 6.521). Ceci ne signifie pas que ces hommes se sont trompés, ou qu'ils ont cherché à tromper les autres, mais ce qu'ils ont découvert par le doute et la méditation leur est apparu dans une fulgurante clarté dont nous pourrions dire qu'elle *éblouit le langage* et interdit tout discours à son sujet.

Ainsi s'explique l'énigmatique commentaire de Wittgenstein sur le *Tractatus* : « Mon livre consiste en deux parties : celle ici présentée, plus ce que je n'ai pas écrit. Et c'est précisément cette seconde partie qui est la partie importante. » (Lettre à Ludwig von Fricker, citée dans CHAUVIRÉ [Christiane], *L. Wittgenstein*, Paris, Seuil, coll. « Les Contemporains », 1989, p. 75)

CONCLUSION

Wittgenstein indique, dans sa préface au *Tractatus logico-philosophicus*, que tout le sens du livre peut être résumé par ces mots : « Tout ce qui peut être dit peut être dit clairement ; et ce dont on ne peut parler on doit le taire. »

Le monde est interprétable par la formulation des relations qui existent entre les choses et qui sont signifiées par des propositions. Le critère de signification de la proposition est la **clarté**, laquelle suppose l'univocité des signes linguistiques qui la formulent et un emploi correct des connecteurs linguistiques qui articulent ces signes. À ce titre, le discours des sciences de la nature est le paradigme de la clarté alors que **la philosophie n'émet que des pseudopropositions qui produisent du non-sens**. Wittgenstein ne dévalorise pas la philosophie ; il cherche à la **reconstruire** et non pas à la déconstruire en lui assignant un rôle de clarification et de délimitation de ce que l'on peut dire de manière sensée. La philosophie lui apparait comme une activité : elle ne formule pas de propositions mais éclaire le chemin à suivre pour accéder au sens. Mais ce qui ne peut être dit n'est pas absurde : le non-dit (le non-dicible) englobe paradoxalement les énigmes les plus essentielles pour l'homme, en particulier le sens de sa vie. Le versant mystique de l'activité cognitive impose une exigence de silence : « Ce dont on ne peut parler, il faut le taire. »

Le *Tractatus* a beaucoup influencé le groupe de philosophes que l'on a appelé « le cercle de Vienne », et en particulier son chef de file Rudolf Carnap (1871-1970). Mais ces philosophes ont essentiellement été séduits par le formalisme et la rigueur des thèses de Wittgenstein sur le langage et ont occulté la profonde originalité du versant mystique de son œuvre qui fait, encore aujourd'hui, l'objet de nombreuses recherches.

Votre avis nous intéresse !
Laissez un commentaire sur le site de votre librairie en ligne
et partagez vos coups de cœur sur les réseaux sociaux !

POUR ALLER PLUS LOIN

- CHAUVIRÉ (Christiane), *L. Wittgenstein*, Paris, Seuil, coll. « Les Contemporains », 1989.
- COLLECTIF, *Histoire de la philosophie*, Paris, Gallimard, 1974, tome 3.
- COLLECTIF, *Dictionnaire des philosophes*. Nouvelle édition augmentée, Manchecourt, Albin Michel, 2006.
- CUVILLIER (Armand), *Nouveau vocabulaire philosophique*, Couloumiers-Paris, Armand Colin, 1967.
- MORFAUX (Louis-Marie) et LEFRANC (Jean), *Vocabulaire de la philosophie et des sciences humaines*, Baume-les-Dames, Armand Colin, 1984.
- WITTGENSTEIN (Ludwig), *Tractatus logico-philosophicus* suivi de *Investigations philosophiques*, Saint-Amand, Gallimard, 1993.

Rendez-vous sur lepetitphilosophe.fr et découvrez :

Plus de 1200 analyses
Claires et synthétiques
Téléchargeables en 30 secondes
À imprimer chez soi

ISBN version numérique : 9 782 806 245 748
ISBN version papier : 9 782 806 246 141
Dépôt légal : D/2017/12603/568

Conception numérique : Primento,
le partenaire numérique des éditeurs.

Made in the USA
Monee, IL
08 July 2026